AF247758

DE

L'ÉDUCATION

DE LA

DÉMOCRATIE

PAR F. SAILLARD

> La liberté est le droit pour
> chacun de jouir des produits
> de son travail ou de celui de
> ses ancêtres

Prix : 1 fr. 50

PARIS

E. DENTU, ÉDITEUR

LIBRAIRE DE LA SOCIÉTÉ DES GENS DE LETTRES

3, place de Valois (Palais-Royal)

1893

DE
L'ÉDUCATION
DE LA
DÉMOCRATIE

PAR F. SAILLARD

> La liberté est le droit pour chacun de jouir des produits de son travail ou de celui de ses ancêtres.

Prix : 1 fr. 50

PARIS

E. DENTU, ÉDITEUR

LIBRAIRE DE LA SOCIÉTÉ DES GENS DE LETTRES

3, place de Valois (Palais-Royal)

1893

PRÉFACE

Dans l'un des chapitres de l'étude qui va suivre, nous essayerons de prouver qu'il n'y a point d'autre question que la question de l'argent et de la moralité, et que, tant que cette question ne sera pas résolue, il n'y aura point en France de gouvernement possible.

Et les événements, chaque jour, nous donnent raison. En effet, voyez cette question de la séparation de l'Église et de l'État qui, comme un épouvantail, se dresse devant toutes les questions qui intéressent l'établissement en France de la Démocratie ?

Comment résoudre la question de la séparation de l'Église et de l'État ? En appliquant la législation existante, renforcée, si l'on veut, par d'autres lois de circonstance ?

Mais, jamais vous ne ferez du prêtre un

fonctionnaire, et les attaques que vous dirigerez contre lui auront toujours aux yeux du peuple, l'apparence de la persécution. En effet, vous n'êtes pas maîtres de la doctrine, et toucher au prêtre, dans les circonstances où nous sommes, c'est toucher à la religion.

Qu'y a-t-il donc à faire ? Il faut créer un État où le peuple, de lui-même abandonnerait le prêtre et où il voudrait en venir à soutenir la forme actuelle du Gouvernement.

Maintenant, comment créer cet État ? Dernièrement, un des rédacteurs d'un des journaux les plus importants de la majorité républicaine actuelle, terminait une étude, d'ailleurs très remarquable, sur la question des rapports de l'Église et de l'État, en exprimant le vœu que l'Église et l'État finissent par s'entendre et qu'ils se chargent, l'un du côté moral des choses, et l'autre, de leur côté matériel.

Mais, honorable rédacteur, vous n'y pensez pas ! Celui qui est chargé du côté moral des choses est aussi chargé de leur côté matériel et il n'y a aucune distinction à faire entre les deux. Dernièrement encore, le même rédacteur, dans un article à propos du jubilé du pape *Léon XIII,* s'écriait en terminant :

« *La papauté est vivante et très vivante* ».

Oui, la papauté est vivante et très vivante ; mais à qui la faute, sinon à vous qui n'avez rien fait jusqu'ici pour fonder véritablement la société civile et qui l'avez laissée comme se traîner dans l'ornière de la société cléricale ? Le Président d'un des grands corps de l'État, aux funérailles de M. Jules Ferry, disait :

« *Le Gouvernement n'est pas fait pour les timides ; la* MODÉRATION *ne mérite d'être louée que si, dans la bataille des idées, elle apporte autre chose que des négations et ne se borne pas à affirmer une égale défiance des opinions qui se heurtent* ».

Voilà une grande et forte parole, et qui mérite d'être louée ; mais vous, prétendus modérés, qui n'avez apporté dans le Gouvernement que des négations et jamais une affirmation, vous ne méritez que le blâme et les sévérités de l'histoire. Il est vrai, dans le journal dont nous parlions tout-à-l'heure, vous avez dit un jour :

« *Il n'y a pas d'enseignement sans une* DOC-

TRINE *qui le* VIVIFIE, *pas de* PAROLE *sans une* CONVICTION *qui l'*ÉCHAUFFE ».

Mais, nous vous le demandons, où est, dans l'enseignement actuel de l'État, la doctrine qui le vivifie, et, dans sa parole, la conviction qui l'échauffe ?

Non, la vérité est qu'il n'y a, dans l'enseignement actuel de l'État, ni doctrine ni conviction et que c'est là précisément ce qu'il faut leur donner. Dernièrement, un des chefs de la majorité républicaine actuelle, se présentant de nouveau à Bordeaux devant ses électeurs et sollicitant le renouvellement de son mandat, énumérait les réformes qui, selon lui, étaient à faire et il ne trouvait à citer que des choses de l'ordre purement matériel.

Et certes, nous ne méconnaissons nullement l'importance de ces choses ; nous reconnaissons même qu'il est bon et utile que des hommes honnêtes et dévoués consentent à s'en occuper ; mais, on voudra bien aussi nous accorder que les choses matérielles ne sont pas tout et qu'il y faut encore le côté moral. Or, ce qu'on néglige c'est le côté moral et on ne s'occupe que des questions de l'ordre purement matériel.

Sous l'Empire aussi, on ne s'occupait que des questions de l'ordre purement matériel et on négligeait le côté moral. Qu'est-il arrivé ? Il est arrivé que l'Empire est tombé et que nul, aujourd'hui, ne pense plus à lui.

Il en arrivera de même aux républicains, à moins qu'ils ne cherchent à réagir contre leurs tendances et qu'ils ne créent un nouvel ordre moral, basé sur les principes de la Révolution française.

Maintenant, comment créer ce nouvel ordre moral ? C'est là ce que nous allons essayer d'expliquer dans les chapitres qui vont suivre.

DE L'ÉDUCATION

DE LA DÉMOCRATIE

CHAPITRE I.

Pourquoi « la Révolution n'est pas finie, » et pourquoi « elle dure encore. »

Un grand orateur, à la tribune de la Chambre des Députés, dans la discussion de l'interpellation à propos de l'interdiction à la Comédie-Française du drame de M. Victorien Sardou, *Thermidor*, disait :

« Si vous voulez savoir pourquoi, à la suite de cet événement sans importance, d'un mauvais drame à la Comédie-Française, il y a tant d'émotion dans Paris, et pourquoi il y a, à l'heure présente, tant d'émotion dans la Chambre, je vais vous le dire. C'est que cette admirable Révolution, par qui nous sommes, *n'est pas finie ; c'est qu'elle dure encore...*

« Il faut donc que la lutte dure jusqu'à ce que, pour l'un des deux partis en présence, la victoire soit définitive. »

Maintenant, nous demanderions au grand orateur dont nous venons de parler pourquoi, après tant d'années, la victoire n'est point déjà définitive et pourquoi nous sommes encore obligés de lutter ; nous lui demanderions pourquoi la Révolution n'est point finie, et pourquoi elle dure encore ?

Pourquoi, nous allons vous le dire. C'est parce que, à la Révolution, il y eut un immense malentendu et que le peuple voulait établir la liberté, tandis que ceux qui avaient fait la Révolution ne voulaient que maintenir le despotisme.

Cela est si vrai que, depuis, le peuple s'est toujours senti opprimé et qu'il a cherché à se débarrasser de ses ennemis. Voyez-le, en effet, après les révolutions du 10 août 1792, du 24 février 1848 et du 4 septembre 1870, qui amenèrent l'établissement en France de la République, comme après celles du 14 juillet 1789 et de juillet 1830, qui n'y amenèrent

que l'établissement de la royauté constitution-
nelle. Le peuple n'est jamais satisfait, et il veut
toujours aller au-delà du but qu'il a atteint
de la révolution.

Que poursuit donc le peuple à travers toutes
ces révolutions, et que faut-il faire pour lui
donner satisfaction ? Il faut donner au peuple
la liberté. Dernièrement, un journal, qui dé-
fend l'opinion de la République modérée, pu-
bliait à la fois deux articles, l'un sur *les menées
cléricales* et, l'autre, sur *l'agitation révolutionnaire*, et il signalait le danger que pouvaient
faire courir à la République les attaques de
ces ennemis, venus des deux points opposés
de la politique.

Mais, honorable journal, croyez-vous véritablement avoir évité ce danger simplement
en le signalant et ne comprenez-vous pas que
le meilleur moyen pour y arriver est de faire
en sorte que le peuple abandonne les cléricaux
et les révolutionnaires, et qu'il les laisse
seuls, isolés et réduits à leurs propres forces.

Maintenant, comment arriver à faire que le
peuple abandonne les cléricaux et les révolu-

tionnaires, et qu'il les laisse seuls, isolés, et réduits à leurs propres forces ? Là, il est vrai, est toute la question ; mais, il faut le reconnaître, nous sommes loin encore de cet état idéal. En effet, n'a-t-on point vu, il y a peu de temps, l'aventure boulangiste et, depuis, ne voit-on point le peuple chercher toutes les occasions pour renverser la République ?

Il faut changer cet état et faire en sorte que le peuple veuille défendre la République. Maintenant comment arriver à l'état dont nous parlons ? C'est là ce que nous allons aussi essayer d'expliquer dans les lignes qui vont suivre.

CHAPITRE II.

Pourquoi les hommes de la Révolution ne purent arriver à établir la liberté.

Il est certain que les hommes de la Révolution étaient de bonne foi et que même ceux qui, comme Mirabeau, crurent à la possibilité d'une entente avec la Cour, voulaient établir la liberté.

Pourquoi donc ne purent-ils y arriver ? Parce que, comme quelques-uns des républicains de nos jours, ils croyaient trop à la vertu des textes ou des Constitutions et qu'ils ne comprenaient pas que, tant que le peuple n'aurait pas été instruit et éclairé, il resterait esclave de la superstition et des préjugés.

Il est vrai, les hommes de la Révolution eurent l'instinct de ces choses et ils cherchèrent à instruire le peuple ; mais, et ici nous le demandons à tous les esprits sérieux et réfléchis, le peuple est-il aujourd'hui instruit et comprend-il la liberté?

Comprenez-le donc, ô hommes de peu de foi et d'entendement, si vous aviez trouvé la formule pour instruire le peuple et pour lui faire comprendre la liberté, vous auriez contre vous la réaction mais vous auriez pour vous le peuple. Or, nous vous le demandons, avez-vous pour vous le peuple et avez-vous contre vous la réaction?

Hélas, non, et vous le savez bien? La réaction, à part quelques états-majors qui ne peuvent se rallier car la politique est pour eux une question de personne et qu'ils sont dévoués au roi, ne demande pas mieux que de venir avec vous.

Elle sait, en effet, que les lois scolaires et les lois sur le service militaire égal pour tous ne touchent point au fond des choses et que, d'ailleurs, elle finira par les faire abroger. Et, déjà, voyez à quel résultat elle est arrivée? Les plus grands organes de l'opinion publique républicaine demandent que l'on mette comme une sourdine à ces lois et qu'on les laisse sans application.

Ces organes ne réfléchissent pas qu'il s'agit avant tout de fonder la société civile ou laïque et que si, sous prétexte de conciliation ou de modération, on concède au parti clérical et réactionnaire les éléments constitutifs de cette société, on ne fait que perpétuer l'anarchie au milieu de laquelle celle-ci se débat et qui l'entraîne rapidement vers la ruine et la dissolution.

Quoi qu'il en soit, il s'agit de savoir si, avec les lois dont nous parlions tout-à-l'heure, qu'elles soient ou non appliquées, le peuple sera satisfait ou s'il continuera de marcher dans la voie révolutionnaire ?

Or, le peuble continuera de marcher dant la voie révolutionnaire. Pour s'en convaincre, il suffit de remarquer que, depuis les élections législatives de 1889 et la défaite du boulangisme, le peuple lit les mêmes journaux qu'à cette époque et qu'il cherche à faire élire les mêmes individus.

Il est certain que, comme nous l'avons diplus haut, le peuple n'attend qu'une occasion et qu'il cherche à renverser la République. N'y a-t-il donc aucun moyen pour rallier le peuple à la République et pour lui donner satisfaction ? Si, il y a un moyen ; mais, pour l'employer, il faut reconnaître que l'on s'est jusqu'ici trompé et revenir au point de départ.

En effet, il s'agissait, à la Révolution, de fonder un ordre de choses nouveau et de rompre avec les traditions du passé ; mais, il est bien évident que si l'on se contentait de proclamer les nouveaux principes et d'en faire comme la base de nos Constitutions ou des Déclarations de nos hommes d'État, les anciens principes continueraient de régner dans l'âme du peuple et qu'ils le maintiendraient sous leur domination.

C'est là ce qui est arrivé ; mais, c'est en vain aujourd'hui que l'on essayerait de remonter le cours du temps et de résister au progrès et à la civilisation. Le peuple, trahi par ses gouvernants qui ne remplissaient pas leur mission et qui cherchaient à le laisser livré aux principes du passé, essaya de marcher seul et il fit des révolutions. On sait le reste. Voyez-le, aujourd'hui, ce peuple, divisé en opportunistes ou en radicaux, en socialistes, en collectivistes ou en anarchistes et en révolutionnaires !

Où donc est-il celui qui mettra un peu d'ordre dans ce chaos, et qui déterminera dans la population un courant qui la porte vers la justice et la liberté ?

Nous allons essayer de lui aider et de dire quel est, selon nous, le moyen pour y arriver.

CHAPITRE III.

Du seul moyen pour fonder en France la liberté.

> « Démocratie c'est Démopédie, éducation du peuple. »
>
> PROUDHON.

De quoi, encore une fois, s'agissait-il au moment de la Révolution ? Nous disons : au moment de la Révolution ; car, les idées au nom desquelles la Révolution s'est faite existaient dans le peuple à l'état latent et il aurait fallu en tenir compte, même si la Révolution n'avait pas eu lieu.

Donc, quelles étaient les idées qui existaient au moment de la Révolution ? Ces idées étaient celles de la liberté. On voulait être libre et renoncer au principe de l'autorité. Quels étaient les moyens pour être libre et pour renoncer au principe de l'autorité ? Ces moyens, malheureusement, ne pouvaient être employés sans provoquer, de la part de l'Eglise catholique, une résistance désespérée.

En effet, l'Église catholique prétendait avoir le droit de conduire et de diriger le peuple, soit, si elle le pouvait, seule et en gouvernant directement ; soit, si elle ne pouvait faire autrement, par l'entremise d'un roi ou d'un empereur qui tiendrait d'elle ou de Dieu son pouvoir et qui lui serait subordonné ; et il ne restait au peuple, pour être libre, qu'à nier ce prétendu droit de l'Église et à proclamer un autre principe qui servirait de base à la nouvelle société et au nouveau gouvernement.

C'est là ce qui est arrivé ; mais, les habiles rirent de ces choses et ils prétendirent gouverner sans principe et sans doctrine. Où nous ont-ils mené ces habiles, et où sont-ils eux-mêmes arrivés ? Ils ont mené la France au bord de l'abîme et, quand à eux, ils sont arrivés à être en exécration aux républicains. Interrogez en effet les chefs de groupe et tous ceux qui ont une influence réelle sur l'opinion publique, et ils vous répondront qu'ils ne peuvent plus faire élire aucun de ceux qui ont pris part au gouvernement de la France pendant ces dernières années.

Que l'opinion publique se trompe et que, entre le peuble et ceux qui ont gouverné la France pendant ces dernières années, il n'y ait qu'un malentendu, nous l'admettons volontiers ; mais il n'en est pas moins vrai que le résultat est le même et que, comme nous l'avons dit plus haut, il faut revenir au point de départ.

Or, le point de départ c'est, pour nous, de donner en un catéchisme, la formule du principe de la liberté et de faire réciter cette formule par le peuple.

En effet, tant que la formule du principe de la liberté n'aura pas été donnée et qu'elle n'aura pas été fait réciter par le peuple, le principe de la liberté ne sera pas compris par le peuple et il restera pour lui comme une abstraction ou comme une lettre morte.

Maintenant, qui donnera la formule du principe de la liberté et qu'est-ce que la liberté ?

La liberté est le droit pour chacun de jouir des produits de son travail ou de celui de ses ancêtres,

On ne peut contester sérieusement l'exactitude de cette formule du principe de la liberté. En effet, on est bien obligé d'admettre que celui qui possède vient à la représentation des hommes qui ont travaillé pour le compte de la société et que celle-ci les a récompensés.

De même, on est obligé d'admettre que le pauvre et le malheureux viennent à la représentation des hommes qui se sont ruinés au service de la société et que celle-ci leur doit des secours ou des dédommagements. Enfin, en ce qui concerne les rapports actuels entre les patrons et les ouvriers, on est bien obligé d'admettre que les premiers n'ont pas le droit d'exploiter les seconds et qu'ils leurs doivent l'intégralité du produit de leur travail.

Comment déterminer cette intégralité et comment faire la part aux patrons, qui apportent à l'industrie commune leurs capitaux et l'intelligence qui est nécessaire pour la diriger, et aux ouvriers ?

C'est là une chose qui ne peut se faire que par la liberté et par les discussions qui s'établiront entre les patrons et les ouvriers ; mais, avant tout, il faut faire connaître à chacun son droit et rappeler les patrons comme les ouvriers à l'accomplissement de leur devoir. Il faut faire comprendre à l'ouvrier qu'il ne doit pas chercher à ruiner l'industrie de son patron ni lui demander un salaire exagéré ; au patron, il faut faire comprendre qu'il doit se contenter d'un bénéfice suffisant et qu'il ne doit pas chercher à exploiter ses ouvriers.

Nous ne cherchons point ici à convaincre sur l'utilité de cet enseignement, ceux qui, sans s'apercevoir qu'ils donnent eux-mêmes perpétuellement, si on peut dire, des accrocs à leurs théories en demandant des subventions pour les chemins de fer ou dans toute sorte de circonstance, paraissent croire que l'État est une sorte d'abstraction et qu'il doit être tenu comme en dehors du monde.

Sans vouloir faire de l'Etat une sorte de Providence qui doit nous conduire vers l'âge d'or rêvé par les poëtes, nous pensons que l'État a été créé pour s'occuper de nos affaires et pour nous aider à les faire dans la mesure de ce qui est possible. Voilà pourquoi nous demandons que, sans entrer dans la voie du socialisme ou du communisme, l'État fasse connaître à chacun son droit et qu'il rappelle les uns comme les autres à l'accomplissement de leur devoir.

CHAPITRE IV.

De l'une des causes qui, jusqu'ici, ont empêché la République de s'établir et le gouvernement de se fonder.

Une des causes qui, selon nous, ont jusqu'ici empêché la République de s'établir et le gouvernement de se fonder, est l'erreur dans laquelle sont tombés un grand nombre des républicains et qui consiste à croire que les lois sur l'instruction publique actuelles peuvent servir à fonder ce gouvernement et à établir cette République.

En effet, ces lois ne peuvent servir à fonder le gouvernement et à établir la République, et, sans vouloir rééditer ici les théories de Rousseau sur l'inutilité des sciences, nous dirons que l'État n'a pas à faire des savants ou des docteurs mais des citoyens, et qu'il doit enseigner au peuple le respect de la loi et des principes sur lesquels il repose.

Or, nous le demandons, l'Etat enseigne-t-il aujourd'hui au peuple le respect de la loi et des principes sur lesquels il repose, et n'est-il pas vrai au contraire qu'il laisse le peuple dans l'ignorance absolue de cette loi et des principes du gouvernement ?

On peut même ajouter que le système actuel de l'État ne conduit qu'à faire des déclassés ou des hommes qui, ne trouvant pas dans la société à développer leurs talents ou les connaissances qu'ils ont acquises dans les écoles du gouvernement, deviennent un danger pour l'ordre et la paix publique.

En effet, mes Maîtres, avez-vous pensé que vous deviez un emploi ou une fonction à tous ceux qui sortent de vos écoles et qui sont capables de la remplir ? Non, vous n'y avez pas pensé et cela prouve en faveur de votre bonne foi, mais contre votre légèreté. En effet, il vaut encore mieux être coupable de légèreté que d'être accusé d'avoir voulu sciemment nuire à la société en détournant de leur voie naturelle des enfants du peuple qui ne demandaient pas mieux que de la servir.

Renoncez donc, mes Maîtres, à votre système, et venez-en à un autre système qui comprenne le principe de la loi et du gouvernement. Du reste, ce que nous vous demandons existe déjà, si l'on peut dire, à l'état embryonnaire ou intermittent. En effet, que faites-vous dans les grèves ou quand un conflit a éclaté entre des patrons et des ouvriers ? Vous intervenez pour rétablir l'ordre et pour prêcher aux uns la modération, aux autres la conciliation ; à tous, le respect de la loi et de la liberté. Ecoutez ce que disait, à la tribune de la Chambre des Députés, dans la discussion de l'interpellation à l'occasion des grèves du Nord, un Ministre de la République. Voici ce qu'il disait :

« Certes, personne ne désire plus que moi l'amélioration du sort des travailleurs...

« Le gouvernement ne peut agir que d'une façon indirecte... c'est, toutes les fois qu'il en trouve l'occasion, de faire entendre des conseils aux intérêts en présence, *en se plaçant au point de vue de la justice et de l'utilité bien entendue des uns et des autres.*

« Lorsque le gouvernement, pris ainsi pour

arbitre officieux, a constaté que certains droits sont lésés et que certaines améliorations pourraient être accordées, *il n'a jamais manqué à ce devoir d'influence morale ; il a toujours donné les avis que l'on pouvait attendre de lui.*

« Ce que je vous dis n'est pas de la théorie, c'est de la pratique. Il n'est pas une grève où le gouvernement n'ait été amené, sur plusieurs points, à jouer un rôle tutélaire. C'est un rôle de persuasion, un rôle moral... »

Nous n'allons ni plus ni moins loin que l'illustre Ministre dont nous venons de parler. Seulement, nous ne voulons point attendre que des grèves aient éclaté et qu'un conflit ait eu lieu entre des patrons et des ouvriers pour agir ; et voilà pourquoi nous vous demandons dès maintenant d'établir un système d'éducation normal et régulier et d'enseigner à tous le respect des droits et la liberté.

CHAPITRE V.

En quoi consiste toute la Révolution ?

> « Je veux être plus révolutionnaire
> qu'aucun de ceux qui ont figuré dans le
> drame, et cependant être plus modéré
> que Danton et les Girondins, plus judi-
> cieux que les Constituants, plus ami du
> peuple que Fréron et Marat, plus puri-
> tain que Robespierre. »
>
> Proudhon.

Ainsi donc, — avec les grands historiens de la Révolution ; les Michelet, les Quinet ; avec le peuple, qui en a toujours eu l'instinct ; enfin, avec l'Église elle-même qui appelle la Révolution *la grande hérésie du siècle,* — nous faisons consister toute la Révolution dans la ruine du principe de l'Église et dans l'éta-blissement d'un autre principe ou d'une doctrine gouvernementale destinée à le rem-placer.

En effet, le principe de l'Église était l'autorité. D'après ce principe, tous ceux qui étaient au pouvoir et qui voulaient défendre les intérêts de l'Église, étaient réputés sacrés et le peuple leur devait obéissance et soumission. Aussi, au moyen-âge, on avait vu les rois, mêmes les plus hostiles à la cour de Rome, tenir la main à l'exécution de ses décisions et devenir entre ses mains des instruments. Dans le même temps où Philippe-le-Bel faisait souffleter à Anagni le pape Boniface VIII, il persécutait en France les hérétiques et y laissait s'établir le tribunal de l'inquisition.

Dans le même temps aussi où Louis XIV faisait rédiger par Bossuet les articles de la fameuse Déclaration de 1682, base de ce gallicanisme qui fut un véritable schisme, il faisait les Dragonnades et révoquait l'édit de Nantes. Aujourd'hui, les rois sont tombés; mais ils ont été remplacés dans le gouvernement par la classe bourgeoise et aristocratique et c'est à son profit que se dispense l'enseignement de l'Église. Toutefois cet enseignement n'a plus aucune chance d'être suivi et il est repoussé par le peuple. En effet, le peuple ne veut plus de l'autorité et il a besoin de la liberté ; il ne veut plus non plus de la charité, qui fait le fond et qui est comme la base de l'enseignement de l'Église, et il a besoin de l'égalité ou de la justice. Quant à la fraternité, qui est dans l'Évangile, l'Église ne s'en est jamais avisée que quand elle a paru menacée et que ses intérêts ont été en péril. Du reste, l'Église n'est point aujourd'hui menacée et elle pourra défendre ses intérêts ailleurs ; mais, quand à l'État, son devoir est tout tracé et il est obligé de rompre le lien qui l'unit à l'Église.

Comment veut-on, en effet, que l'ordre se rétablisse et que la confiance renaisse quand on voit des prêtres, des fonctionnaires, nommés et salariés par l'État, enseigner des principes opposés à ceux sur lesquels repose la société moderne ?

Et n'est-il point plus naturel de penser, en présence d'une telle contradiction et d'un tel enseignement, que l'on est toujours comme à la veille d'une révolution et que ce régime, qui n'a point de base, va s'écrouler d'un instant à l'autre et laisser le peuple sans abri ?

Voyez-le en effet ce peuple, toujours à la suite de quelqu'un et applaudissant à tous ceux qui font la guerre au gouvernement de la République ! Et comment en serait-il autrement ? Le peuple ne le comprend pas ce gouvernement de la République et, pour lui, c'est, comme on dit, de l'hébreu. Le gouvernement de la République a, pour lui, l'avenir ; mais il n'a pas le présent, et voilà pourquoi nous avons le droit de le critiquer et de lui demander pourquoi il n'a rien fait pour instruire le peuple et pour lui faire comprendre le principe de la liberté.

Toutefois, il est encore temps et vous pouvez toujours, ô gouvernement de la République, instruire le peuple et lui faire comprendre le principe de la liberté. Faites-le donc, et le peuple vous sera reconnaissant ; il s'attachera à vous et à la République, et celle-ci sera le gouvernement du présent comme elle est celui de l'avenir !

———

CHAPITRE VI.

De l'établissement d'un catéchisme qui donne la formule du principe de la liberté et qui soit fait réciter par le peuple.

Dédié à M.

Nous avons, dans le chapitre III de l'étude qui précède, essayé de donner la formule du principe de la liberté en même temps que nous avons demandé l'établissement d'un catéchisme qui donne cette formule et qui soit fait réciter par le peuple.

Maintenant, comment établir ce catéchisme et qui est-ce qui a qualité pour donner, d'une manière officielle, la formule du principe de la liberté ?

Evidemment, c'est l'État qui, reposant sur le principe de la liberté, a intérêt à ce que ce principe domine et à ce qu'il soit établi dans le monde.

Maintenant, comment l'État arrivera-t-il à établir le catéchisme dont nous parlons, et à donner, d'une manière officielle, la formule du principe de la liberté ?

En ouvrant, par exemple dans les Académies ou au Ministère de l'Instruction Publique, un concours et en donnant un prix à l'auteur du meilleur catéchisme ou à celui qui aura donné la formule la plus claire, la plus nette et la plus précise, du principe de la liberté.

En effet, nous n'avons point la prétention d'avoir, dans le chapitre III de l'étude qui précède et dont nous parlions tout-à-l'heure, donné cette meilleure formule et c'est à l'État qu'il appartient de la trouver. Maintenant, les Municipalités et, en particulier, le Conseil Municipal de Paris — qui, en sa qualité de représentant de cette ville que le poëte a appelée la Ville-Lumièreet où, il y a plus de cent ans, furent proclamés ces principes qu'il s'agit enfin de faire entrer dans la période d'application — et aussi parce qu'il a des ressources suffisantes — est plus qualifié qu'un autre à cet égard — et même les particuliers, ont aussi le droit de chercher la meilleure formule du principe de la liberté.

En effet, pourquoi des particuliers riches, patriotes, n'ouvriraient-ils point par exemple dans la presse un concours et ne donneraient-ils point un prix à l'auteur du catéchisme qui leur paraîtrait le meilleur ou à celui qui aurait donné selon eux la formule la plus claire, la plus nette et la plus précise, du principe de la liberté ?

Car enfin, chacun est juge en ces matières et il n'est pas douteux que l'opinion publique finira par imposer au Gouvernement la formule du principe de la liberté qui sera véritablement la meilleure et par l'obliger à la faire réciter.

Maintenant, quel plus noble usage peut-on faire de sa fortune, de ses talents ou de son intelligence, que de chercher à établir la liberté parmi les hommes ? Allez donc ! Hommes d'État ou hommes politiques, Membres du Gouvernement ou des Municipalités, riches patriotes — ouvrez, comme nous l'avons dit, des concours et donnez des prix à l'auteur du meilleur catéchisme ou à celui qui aura donné la formule la plus claire, la plus nette et la plus précise du principe de la liberté.

Vous fonderez ainsi la Démocratie, et votre nom vivra dans la mémoire des hommes !

CHAPITRE VII.

Des droits et des devoirs de l'État en matière d'enseignement.

Il est certain que tout le monde a le droit d'enseigner et que tout le monde aussi devrait avoir le droit de collationner des grades ou de délivrer des diplômes qui, alors, n'auraient d'autre valeur que celle de l'opinion.

En effet, l'action de l'État dans l'enseignement ne se justifie que parce qu'il a besoin, pour ses Administrations, de former des fonctionnaires ou des employés et encore, même à ce point de vue, on peut dire que, puisque, à leur entrée dans la carrière, on fait subir à ces fonctionnaires ou à ces employés la formalité du concours, l'industrie privée suffirait à les y préparer.

Il est vrai, il y a encore une autre raison pour l'État d'intervenir dans l'enseignement c'est que, la moralité d'un pays étant toujours en rapport avec le niveau des études ou avec les connaissances générales, l'État n'a aucun intérêt à voir baisser ce niveau et qu'il a au contraire, un intérêt à le maintenir ; mais à cela même, on peut répondre que l'État, qui n'a d'autre mission que d'enseigner les idées générales et de faire connaître au peuple le niveau des études où l'on est arrivé, n'a pas à se préoccuper du soin de maintenir élevé ce niveau et que l'industrie privée suffit encore à ce soin.

Toutefois, l'État doit, comme nous venons de le dire, enseigner les idées générales et faire connaître au peuple le niveau des études où l'on est arrivé. Or, où est arrivé aujourd'hui le niveau des études et quelles sont les idées généralement reçues ? Ces idées sont, encore une fois, celles de la liberté. Il faut donc que l'État fasse connaître au peuple la liberté. Maintenant, comment l'État arrivera-t-il à remplir sa mission et à faire connaître au peuple la liberté ?

En ouvrant partout des écoles où il enseignera lui-même le principe de la liberté et en

s'assurant que, dans les écoles libres ou con-
gréganistes, on enseigne aussi le même principe.

Ah ! mes maîtres, vous avez cru qu'il était
facile de gouverner et que vous pourriez,
comme on dit, marier le Grand-Turc avec la
République de Venise. Eh bien, non, il faut
choisir ! Il s'agit de fonder l'unité de la France !
Maintenant, vous pouvez croire que tous ceux
qui se destinent à l'éducation de la jeunesse se
font en cela les auxiliaires de l'État et qu'ils
acceptent sa juridiction. L'État peut donc, par
un système d'inspection créé *ad hoc*, s'assurer
que, dans leurs écoles, ils enseignent véritablement les principes sur lesquels repose la
société moderne.

Assurez-vous-en donc, ô État ; et, quand à
vous-même, ouvrez partout des écoles et ensei-
gnez le principe de la liberté !

CHAPITRE VIII.

Que l'État doit donner au peuple les moyens pour établir la justice, mais qu'il ne doit pas chercher à l'établir lui-même.

Nous le savons, il est venu des hommes qui ont dit : Occupons-nous des intérêts matériels du peuple et tâchons de leur donner satisfaction ; le peuple nous en sera reconnaissant, et il nous laissera gouverner en paix... et nous enrichir !

Où sont-ils, ces hommes ? Nous ne savons ; mais, ce que nous savons bien, c'est que le peuple est toujours là et qu'il attend qu'on lui donne satisfaction ! En effet, qui peut bien savoir quels sont les intérêts véritables du peuple et comment on peut leur donner satisfaction ?

Il n'y a que le peuple lui-même qui peut

établir la justice, et la mission de l'État est de lui donner les moyens pour y arriver.

Donnez-donc la liberté au peuple, ô gouvernants, et laissez-le lui-même établir la justice !

Vous le voyez-bien, ô M. Y... G..., partout, même en Angleterre, cette antique patrie du libéralisme de la première manière, mais où les classes riches et aristocratiques qui la dirigent sont peut-être moins effrayées qu'ailleurs à la pensée de donner quelques satisfactions au peuple, — partout l'on entre dans la voie du socialisme d'État.

On se trompe, nous le voulons bien ; mais, à qui la faute sinon à ceux qui, ayant charge de conduire et de diriger le peuple dans la voie pour arriver à la liberté et à la justice, le laissent livré aux doctrines de l'autorité ou à l'anarchie ?

Mais, pourquoi, ô M. Y... G.., n'avez-vous point, dans le **S**... que vous dirigez d'ailleurs avec tant de talent et tant d'utilité pour les intérêts du parti républicain, apprécié comme il convenait cette évolution du parti libéral anglais, M. Gladstone en tête, vers le socialisme d'État ?

Est-ce parce que l'évolution dont nous parlons, venant de personnages aussi haut placés que les chefs du libéralisme anglais, donne un démenti à vos idées et que vous ne voulez pas vous-même appeler l'attention de vos adversaires sur un fait aussi grave ?

Non, ce n'est point cela ; car, vous avez le cœur trop haut placé pour que la crainte jamais l'effleure et vous ne redoutez aucun adversaire. Mais, qu'est-ce donc ? Est-ce tout simplement parce que vous ne trouvez point d'explication à ce fait et que, malgré toute votre foi dans cette liberté matérielle que l'on appelle l'économie politique, vous sentez qu'elle ne suffit pas et que, comme vous l'a dit un de vos adversaires, à la Chambre des Députés, dans la discussion du projet de loi sur la suppression des bureaux de placement, elle laisserait le peuple dans la misère?

CHAPITRE IX.

Du seul moyen pour la France de se relever et de reprendre sa place au premier rang des nations.

La France est-elle finie et sa glorieuse Révolution a-t-elle été comme le dernier mot qu'elle ait dit au monde, où pourra-t-elle expliquer ce mot et reprendre sa place au premier rang des nations ?

Telle est la question qui se pose et que nous allons examiner avec toute l'attention que comporte un aussi grave sujet. Bien des symptômes, hélas ! pourraient faire craindre que nous ne nous trouvions aujourd'hui vis-à-vis de l'Allemagne dans la situation à peu près où se trouva autrefois la Grèce vis-à-vis de Rome, lorsque celle-ci voulut la conquérir et se l'assujettir par les armes.

En effet, nous avons aujourd'hui, comme alors la Grèce, un long passé de gloire et de puissance ; notre civilisation, comme aussi alors celle de la Grèce, est avancée, brillante ; nos classes dirigeantes sont, toujours comme celles alors de la Grèce, riches, lettrées, mais amollies, corrompues, incapables d'apporter une longue résistance à l'ennemi qui se présente avec énergie et résolution.

Allez-donc aujourd'hui, mes Maîtres, faire marcher, comme vous le fîtes en 1811-1812, vos soldats jusqu'à Moscou ? Non, toujours braves, toujours capables d'accomplir une action d'éclat ou d'héroïsme, ces soldats ne savent plus faire la guerre ; ils ne savent plus camper sous la tente, faire de longues marches, être absents longtemps du foyer ; il faut que le soir, après la journée faite, ils puissent rentrer chez eux, embrasser leurs femmes et leurs enfants, etc.

En regard de ces produits d'une civilisation en dégénérescence, nous avons un peuple jeune, vigoureux, non encore amolli par les délices d'une civilisation avancée, pauvre, avide. Ce peuple n'a pas encore été véritablement travaillé par les idées modernes, et il est

toujours soumis à la foi religieuse ou monar-
chique. Nous, au contraire, nous avons perdu
cette foi et nous n'avons point encore acquis la
foi dans la liberté et dans la Démocratie.
Enfin, nous sommes aujourd'hui sans force et
sans vertu, tandis que nos adversaires ont
conservé leur unité entière et qu'ils ne con-
naissent point l'anarchie morale et matérielle
au milieu de laquelle nous nous débattons.

Enfin, pour compléter le tableau des deux
situations dont nous parlons, nous dirons
qu'aujourd'hui nous sommes, comme alors les
Grecs l'étaient par les Romains, envahis par
les Allemands qui y viennent sous prétexte de
travailler, en réalité pour nous conquérir paci-
fiquement en attendant qu'ils nous conquié-
rent par la force des armes et d'une manière
définitive.

Il est vrai qu'alors, nous aurons, comme
aussi les Grecs, la consolation de pouvoir dire
que nous avons assimilés nos ennemis, et
qu'ils nous ont pris nos lois, nos mœurs et
notre civilisation ; mais cette consolation est
bien triste et il vaut mieux faire dominer nous-

mêmes nos lois, nos mœurs et notre civilisation. Pour cela, il n'y a qu'un moyen c'est d'appeler le peuple à la lumière et de lui faire connaître la liberté.

Croyez-le bien, toutes les nations passeront par les étamines où nous avons nous-mêmes passés. Voyez l'Angleterre, la Belgique, la Hollande, l'Espagne, l'Italie, l'Autriche-Hongrie, l'Allemagne, les pays Scandinaves, la Russie, avec son puissant empereur qui a été obligé, sous le titre du Conseil d'État, d'établir une sorte de représentation nationale, et les Etats-Unis d'Amérique, dont le président actuel, sans doute un protestant à l'esprit rigide, n'a rien trouvé de mieux dans son dernier message, qué de recommander à ses concitoyens la sobriété.

Tous ces peuples, tous ces États, veulent la liberté et ils feront tout ce qui est nécessaire pour y arriver. Alors, toi, vieux peuple de France, tu marcheras à la tête des autres peuples et tu leur indiqueras les écueils à éviter. Mais, pour cela, il faut, encore une fois, que tu ne sois pas trahi par tes gouvernants et

qu'ils arrivent à remplir leur mission qui
est, nous ne cesseront de le répéter, de donner,
en un catéchisme, la formule du principe de la
liberté et de faire réciter par toi-même ce
catéchisme !

———

CHAPITRE X.

D'une autre cause encore qui, jusqu'ici, a empêché la République de s'établir et le Gouvernement de se fonder.

Une autre cause encore qui, selon nous, a, jusqu'ici, empêché la République de s'établir et le Gouvernement de se fonder est le peu de précision qu'ont mis les hommes d'État et les hommes politiques de la Révolution à exprimer leur idée et à faire connaître leur opinion.

En effet, on a proclamé le principe de la souveraineté du peuple et la liberté ; mais qu'entend-on au juste par la liberté et par la souveraineté du peuple ? Napoléon l'entendait comme un droit pour le peuple de changer de maître et d'établir un autre Gouvernement ; les parlementaires l'entendirent comme un droit pour le peuple de nommer des députés et d'être soumis à leurs lois ; enfin, aujourd'hui, on commence à comprendre qu'il peut s'agir d'une autre chose encore ; mais, de quoi s'agit-il ? Voilà ce qu'on ne dit pas, et ce qui paraît mécontenter le peuple.

En effet, mes Maîtres, et vous le savez bien, il ne s'agit pas de la révision de la Constitution ni de la suppression du Sénat ; il ne s'agit même pas de la journée de huit heures ni de l'appropriation du sol et du sous-sol ; il s'agit de rendre le peuple libre ; mais, comment y parvenir ? Nous avons, nous, modeste citoyen, essayé de donner comme nous la comprenons, la formule du principe de la liberté ; mais, encore une fois, nous ne prétendons pas que cette formule soit la meilleure et qu'il ne puisse y en avoir une autre. Seulement, ce que nous soutenons c'est que l'État doit lui-même donner la formule du principe de la liberté ; car, en dehors de cette formule, il n'y a pour lui et pour la société qu'il représente, qu'anarchie et dissolution.

Nous ne voulons pas insister ici sur le vide des programmes et sur le néant des idées des hommes politiques qui se présentent aujourd'hui aux suffrages du peuple ; mais, nous les supplions d'y réfléchir, ils ne donneront satisfaction au peuple et ils ne sauvegarderont la liberté politique qu'en donnant au peuple satisfaction au point de vue moral et en établissant la liberté matérielle.

CHAPITRE XI.

De la connaissance des principes de la Révolution française.

> « Un homme n'a aujourd'hui de valeur que par la connaissance qu'il a des principes de la Révolution française. »
>
> THIERS.

Nous voudrions bien demander à Thiers lui-même ce qu'il entendait par *les principes de la Révolution française* ? Sans doute, il l'entendait comme un droit, pour lui et pour ceux de sa caste, de gouverner à la place des princes de la maison de Bourbon, de la noblesse française et du clergé catholique.

Mais, le peuple ne l'entendait point ainsi et, dès les premiers jours de la Révolution, on le voit signifier qu'il veut réaliser la formule de *l'homme libre dans l'État libre*. En effet, le peuple comprenait très bien que, pour que l'État pût remplir sa mission qui est d'assurer, avec la défense du territoire et l'honneur ou la grandeur de la France, le règne de l'ordre et des lois, c'est-à-dire encore celui de la liberté, il fallait qu'on lui abandonnât une partie des droits des individus.

Quelle était cette partie des droits des individus qu'il fallait qu'on abandonnât à l'État et qui lui était nécessaire pour remplir sa mission ?

Telle était la question qui se posait devant les hommes d'État et devant les hommes politiques, et il n'y en avait pas une autre à résoudre ; mais, ils nous font bien rire ceux qui vont chercher, par exemple dans les cahiers pour les États-Généraux en 1789, le secret des pensées du peuple ou l'idée qui l'anime ?

L'idée qui anime le peuple, mes Maîtres, c'est la liberté ! Reportez-vous un instant par la pensée, en effet, à cette séance mémorable où furent ouverts par le roi Louis XVI en personne ces États-Généraux qui allaient devenir la grande Assemblée Constituante et où un tribun de la Démocratie, à un envoyé du roi qui, après le départ de celui-ci, vînt sommer les États de se disperser, répondit :

« Allez dire à votre maître, que nous sommes ici par la volonté du peuple et que nous n'en sortirons que par la force des baïonnettes ! »

Dès ce jour, la pensée de révolte, l'idée de liberté, destructive de l'autorité, se fit jour et elle devînt un fait. Ce fait eut un instant pour lui la force, et il en résulta que la liberté est aujourd'hui indestructible. En effet, croyez-le bien, mes Maîtres, il faut que le monde périsse ou qu'il s'organise sur la base de la liberté. Organisez donc la France sur cette base, ô mes Maîtres, et faites que la patrie vive ! Dernièrement, un savant professeur, devant un jeune et sympathique auditoire ([1]), défendait la Révolution contre un reproche qui lui avait été fait et il disait que, si elle n'a pas résolu la question sociale, c'est que cette question n'é-

---

([1]) Nous voulons parler ici de M. Aulard, professeur à la Faculté des Lettres, et des étudiants qui ont fondé il y a quelque temps la *Ligue de la Jeunesse démocratique*.

tait pas alors posée et qu'elle ne l'a été que dans ces derniers temps, après les développements du commerce et de l'industrie.

Mais, ô savant professeur, il n'est guère pour nous douteux que dès que l'homme, qui devait être sorti du limon de la terre, commença à se mouvoir, il chercha à s'asservir son semblable et à le faire travailler pour lui.

C'est là l'origine de la question sociale ! Un grand journal de l'opinion de la République modérée, dans ses polémiques de chaque jour, attaque les socialistes, les collectivistes et les anarchistes, et il les accuse de vouloir détruire la liberté ; mais, ô grand journal de l'opinion de la République modérée, pourquoi ne vous emparez-vous pas de la clientèle de ces anarchistes, de ces collectivistes et de ces socialistes, et pourquoi n'êtes-vous pas vous-même suivi par le peuple ?

Pourquoi, nous allons vous le dire. C'est parce que, vous non plus, vous n'avez pas de solution et que vous voulez aussi laisser le peuple esclave de la superstition et des préjugés. En effet, de quoi s'agit-il ? De faire connaître au peuple le principe de la liberté et de lui enseigner que ce principe est le droit pour chacun de jouir des produits de son travail ou de celui de ses ancêtres.

Or, voilà ce que vous ne faites pas ; et c'est pourquoi nous avons écrit ce livre et fait cette étude !

Dans un discours prononcé au banquet de l'Association nationale républicaine et publié par le journal le *Temps* dans son numéro du 1er juillet 1893, un de nos Maîtres disait :

« Messieurs, ce pays n'a pas varié depuis un siècle : *il en est toujours à chercher la réalisation de sa grande pensée de* 1789. Qu'est-ce que cet idéal ? Il se résume en deux mots : Justice et liberté ! »

Mais, ô Maître, pourquoi le peuple en est-il toujours à chercher la réalisation de sa grande pensée de 1789 et pourquoi n'a-t-il pu encore y arriver ? Parce que les hommes politiques jusqu'ici n'ont pas cherché à connaître exactement cette pensée et qu'ils en sont restés à la période des vaines paroles ou des déclamations. Parce que, en d'autres termes, ils n'ont pas donné la formule du principe de la liberté et qu'ils ont laissé le peuple sans éducation. Dans le cours de l'étude qui précède, nous avons fait la critique du système de non-éducation suivi jusqu'aujourd'hui et nous avons dit que l'État devait une fonction ou un emploi à tous ceux qui sortent de ses écoles et qui sont capables de le remplir. Il en est de même des écoles professionnelles ; et si, mes Maîtres, vous faites, par exemple, des menuisiers ou des ébénistes quand il faut des cordonniers ou des boulangers, vous êtes responsables de ce dangereux état de choses.

Non, la vérité est que le système de non-éducation suivi jusqu'aujourd'hui est le résultat d'une grande erreur. On a voulu faire quelque chose ; on ne savait pas quoi : on a fait ce qui existe ; mais on s'est trompé, et il faut revenir au point de départ. Il faut en venir à donner au peuple une éducation démocratique !

En 1848, on proclame le suffrage universel ;

plus tard, on reconnaît aux ouvriers le droit de faire grève ; enfin, en 1884, on vote la loi sur les syndicats professionnels. Toutes ces choses étaient bonnes et utiles, et on ne pouvait se dispenser d'y venir tôt ou tard. Maintenant qu'est-il arrivé ? A peine le peuple est-il en possession de son droit de suffrage, qu'il abdique et qu'il remet ses pouvoirs entre les mains d'un seul individu.

On sait ce que cet individu a fait des pouvoirs qui lui avaient été conférés et comment il a amené l'étranger à Paris, fait perdre à la France deux provinces, cinq milliards et son prestige militaire.

En ce qui concerne le droit de grève, il est certain que les ouvriers se servent de ce droit pour empêcher ceux qui le veulent de travailler et pour les opprimer. Il en est de même de la loi sur les syndicats professionnels, qui n'est qu'un moyen, entre les mains de quelques-uns, pour organiser l'émeute et pour préparer la guerre civile.

Et il ne peut en être autrement ? Comment voulez-vous en effet que des hommes, ayant entre les mains des moyens aussi puissants que la loi sur les syndicats professionnels et les grèves, ne s'en servent pas pour chercher à réduire leurs adversaires et pour les amener à composition ? On dira qu'il ne faudrait pas que les ouvriers considérassent comme des ennemis ou des adversaires leurs patrons, et qu'il y a d'autres moyens pour eux de se faire rendre justice ; mais ces moyens, quels sont-ils ?

N'est-il pas évident que, au train dont vont les choses et avec la prétendue liberté vantée par les économistes, nous verrons, avant qu'il soit peu, toute la fortune publique entre les mains d'un petit nombre d'individus ?

Qu'y a-t-il donc à faire, et quel est le moyen à employer pour que les armes mises à la disposition du peuple ne se retournent pas centre lui et pour qu'elles servent à son avantage ? Ce moyen, il n'y en a pas d'autre — et nous y revenons de toutes parts, — que l'éducation ; mais, encore une fois, il ne faut point entendre l'éducation comme une chose matérielle et, pour ainsi dire, mathématique. Il faut l'entendre comme une chose morale et comme un moyen pour établir le principe de la liberté. Dernièrement, un ancien membre du gouvernement de la Défense nationale, écrivait, dans un journal, en faisant l'histoire de l'Association phylotechnique et de l'Association polytechnique à laquelle il avait participé, les mots que voici :

« Nous voulions, puisque tout le monde devait voter, que tout le monde sût *lire*... »

La belle affaire, serions-nous tentés de dire avec le vulgaire ! En effet, savez-vous, mon Maître, à quoi sert au peuple de savoir lire ? Nous allons vous le dire. Dernièrement, nous nous trouvions sur le passage d'une ouvrière qui allait sans doute reporter son ouvrage et qui marchait comme pliée en deux sous le poids de ce lourd fardeau. Eh bien, savez-vous ce que cette ouvrière faisait, en marchant ? Elle lisait un feuilleton du *Petit Journal* ! Oui, voilà à quoi sert généralement au peuple l'instruction que vous lui avez donnée. Nous ne voulons point faire ici de paradoxe, mais nous soutenons qu'il n'est point nécessaire de savoir lire pour être un bon citoyen et pour connaître les principes sur lesquels la société repose. En revanche, si l'on ne connaît pas ces principes, il est impossible d'être un bon citoyen et l'on ne peut être qu'un agent de trouble et de désordre.

Nous concluons que l'État aurait pu à la rigueur se dispenser d'apprendre à lire et à écrire aux enfants du peuple, mais qu'il ne peut, sous peine de trahison et de forfaiture, se dispenser de leur faire connaître les principes sur lesquels la société repose !

CHAPITRE XII.

De la question des classes dans la société moderne, et du peuple ou de la bourgeoisie.

Il est certain que si, dans certains cas, comme, par exemple, quand il s'agit de faire une distinction entre la France et les nations étrangères, on doit, par ce mot de peuple, entendre la nation tout entière, on doit aussi, par ce même mot, entendre les pauvres et les malheureux quand il s'agit de distinguer entre eux et la classe riche et bourgeoise, qui aujourd'hui règne et qui gouverne.

En effet, c'est bien la bourgeoisie qui aujourd'hui règne et qui gouverne ; et si, quelque enfant du peuple arrive à forcer les barrières et à entrer lui-même dans la classe riche et gouvernementale, c'est pour lui seul qu'il a agi et ses frères en misère et en pauvreté n'en resteront pas moins esclaves de la bourgeoisie.

Il en était de même au moyen-âge, quand le roi conférait les privilèges de la noblesse à quelque membre distingué du tiers. Celui-ci devenait noble ; mais, on ne pouvait pas dire pour cela que la classe nouvelle à laquelle il allait appartenir était une classe ouverte, puisque le roi n'avait ouvert les barrières que pour lui et que ses frères en servage allaient toujours demeurer comme la chose et la propriété de la noblesse et du clergé.

On ne le peut pas dire plus aujourd'hui ; et la classe riche et bourgeoise est aussi fermée que l'était alors la classe noble et sacerdotale ; mais, on dira : Où et quand commence, et où, et quand finit la bourgeoisie ?

La bourgeoisie finit et elle commence quand vous avez plus que le nécessaire et quand vous n'avez pas besoin, pour vivre, vous et les vôtres, de travailler.

Ainsi, voilà un homme qui travaille pour faire vivre sa femme et ses enfants et pour leur donner le nécessaire ; c'est un ouvrier, un homme du peuple, et il est gouverné par la bourgeoisie ; en voici un autre qui n'a pas besoin de travailler pour vivre ni pour faire vivre sa femme et ses enfants ; il a le nécessaire, plus, il a le superflu ; c'est un bourgeois, et le peuple travaille pour lui.

Mais encore, on dira : A quel moment a-t-on le superflu ou le nécessaire, et quand est-on obligé de travailler pour vivre ?

On est obligé de travailler pour vivre quand, dans la société dont on fait partie, les objets de premières nécessités dépassent vos moyens et que vous ne pouvez autrement vous les procurer.

Et, que l'on ne dise pas que, dans certains cas, le luxe est nécessaire et que le superflu peut devenir un besoin ; non, ce qui est vrai c'est que, sans doute, il y aura toujours des riches qui pourront se donner le luxe et qui jouiront du superflu ; mais, il n'est pas vrai que le luxe soit nécessaire ni que le superflu puisse devenir un besoin.

Maintenant, le jour où, dans la société, tout le monde aura le nécessaire et où nul ne sera obligé de travailler pour autrui, ce jour-là la liberté régnera et nous serons en pleine ère démocratique. Jusque-là, c'est la bourgeoisie qui régnera et le peuple sera soumis à son autorité. Hâtons-donc le jour où la Démocratie régnera, et où le peuple sera soumis à la liberté. Certainement, il y a, dans les rangs aujourd'hui de la bourgeoisie des hommes en grand nombre qui ont l'esprit droit et le cœur généreux. Ces hommes ne demanderaient pas mieux que d'aider à la transformation sociale ; mais, pour cela, il faudrait leur indiquer les moyens et leur dire ce qu'il y a à faire pour y arriver ?

Or, ce qu'il y a à faire pour aider à la transformation sociale c'est, nous l'avons dit et nous ne cesserons de le répéter, de donner, en un catéchisme, la formule du principe de la liberté et de faire réciter ce catéchisme par le peuple.

Donnez-donc en un catéchisme, ô vous tous, gouvernants, depuis le plus petit jusqu'au plus haut des fonctionnaires, et depuis le plus riche et le plus aisé des citoyens jusqu'au plus pauvre et au plus modeste, cette formule du principe de la liberté et faites réciter ce catéchisme par le peuple.

Vous aurez ainsi, encore une fois, fondé la liberté parmi les hommes et votre nom ira à la postérité !

CHAPITRE XIII.

De la véritable liberté, et de quelques libertés particulières.

Vous vous plaignez que, dans la personne de ses adversaires, le peuple ne respecte pas assez le principe de la liberté et que, notamment, dans les grèves, il cherche à empêcher, ceux qui le veulent, de travailler ; dans les syndicats, il cherche à empêcher ceux qui ne veulent point en faire partie, de trouver du travail ; dans la presse et dans les réunions publiques, il cherche à empêcher de parler ou à couvrir d'injures et d'outrages ceux qui ne pensent pas comme lui ou qui cherchent à l'éclairer sur ses véritables intérêts ; enfin, dans les insurrections et les émeutes ou, simplement, quand il détient quelque parcelle de l'autorité, il cherche à opprimer ou, même, à faire un mauvais parti au prêtre catholique qu'il craint, qu'il considère un peu comme sorcier, mais dont il croit ainsi se venger et comme à l'occasion duquel il veut passer, aux yeux de ses frères, pour un esprit fort et un homme qui ne craint rien.

Nous déplorons comme vous toutes ces choses ; et, plus que vous, nous demandons, pour les faire cesser, l'établissement d'un système qui enseigne le respect de toutes les libertés ; mais, mes Maîtres, avez-vous pensé à une autre liberté, à cette liberté que, dans le cours de l'étude qui précède, nous avons cru pouvoir formuler ainsi : le droit pour chacun de jouir des produits de son travail ou de celui de ses ancêtres ?

Non, vous n'**y** avez pas pensé. La morale de toutes les nations dit ; « Fais à autrui ce que tu voudrais qu'il te fît ; ne fais pas ce que tu ne voudrais pas qui te fût fait. » Et, de même, les hommes de 1789, dans la Déclaration des droits de l'homme et du citoyen, on dit : « La liberté est le droit de faire ce qui ne nuit pas à autrui ; la liberté de l'un a pour limite la liberté d'autrui. »

Mais, aucun ne paraît avoir eu la pensée de transporter dans la vie réelle et pratique l'effet de ces excellentes déclarations de principes, et, par exemple, de se dire : « Moi, patron, je ne voudrais pas être opprimé comme j'opprime mon ouvrier ; je ne voudrais pas, comme je l'y force, être obligé de travailler presque exclusivement pour le compte d'autrui. »

Voilà un homme qui possède des millions, tandis que, à côté, un autre meure de faim. Est-ce juste et n'est-il pas vrai que si celui-ci n'a le droit de rien demander à son voisin le millionnaire, celui-là doit néanmoins à la société qui se chargera de répartir aux pauvres et aux malheureux le trop plein de sa fortune et de sa propriété.

Mais, c'est ce droit qui doit être érigé en formule et expliqué. Maintenant, vous, mes Maîtres, vous voulez former à la Chambre des Députés, une majorité de gouvernement ; mais, comment pourrez-vous y arriver ? Le pays, divisé, nommera toujours une Chambre des Députés divisée comme lui-même.

Il faut donc commencer par fonder l'unité dans le pays et vous ne pouvez y arriver qu'en établissant la liberté, la véritable, la liberté sans épithète.

ADJURATION !

Nous vous adjurons, vieux républicains et vous tous qui voulez véritablement fonder en France la Démocratie, de réfléchir et de bien comprendre la situation qui aujourd'hui vous est faite !

Vous avez, vous ou les vôtres, depuis déjà plus d'un siècle, fait des révolutions et renversé en grand nombre des gouvernements ; et, ceci n'est pas une critique ; car, hélas ! celui qui écrit ces lignes a applaudi à vos efforts et il vous a secondé dans la mesure de ses forces ; mais enfin, nous avons fait des révolutions et renversé en grand nombre des gouvernements. En sommes-nous plus avancés ?

Hélas ! non, et la preuve c'est que le peuple est toujours-là menaçant et qu'il cherche à renverser la République.

Rentrez-donc en vous-mêmes, et ne cherchez à arriver au pouvoir que quand vous serez sûrs de pouvoir y appliquer vos idées. Le gouvernement, quel qu'il soit, qui sera demain établi, ménagez-le, ou, du moins, ne cherchez point à le renverser. Tournez-vous vers le peuple, et cherchez à lui faire partager vos idées. Bientôt, vous aurez une majorité et, alors, le gouvernement qui sera établi et qui, vis-à-vis de vous, sera forcément réactionnaire, tombera comme un fruit mûr et vous prendrez sa place.

Que si le malheur des temps ou quelque événement que l'on ne peut prévoir, vous obligeait à prendre le pouvoir avant d'avoir une majorité, n'ayez d'autre souci que d'établir la liberté. Le peuple vous soutiendra dans cette tâche et, si vous veniez à tomber avant d'avoir pu l'accomplir, bientôt vous seriez rétabli. En effet, il se fera, sur cette question de la liberté, quand elle sera posée, un tel bruit dans le pays, que le peuple sera bien obligé de savoir quels sont ceux qui veulent véritablement l'affranchir et ceux qui veulent le retenir dans les liens de l'esclavage.

Marchez-donc, et établissez la liberté !

FIN

TABLE DES MATIÈRES

CHAPITRE VI.

CHAPITRE VII.

CHAPITRE VIII.

CHAPITRE IX.

CHAPITRE X.

CHAPITRE XI.

CHAPITRE XII.

CHAPITRE XIII.

FIN DE LA TABLE.

IMPRIMERIE PRISSETTE, PASSAGE DU CAIRE, 17.